UNE PAGE

SUR

MONSEIGNEUR HENRI DENÉCHAU

ÉVÊQUE DE TULLE

> Moïse était le plus doux de tous les hommes.
> (NOMBRES, ch. XII, v. 3.)

LIMOGES

LIBRAIRIE	LIBRAIRIE
Vᵉ H. DUCOURTIEUX	J.-B. LEBLANC
7, rue des Arènes, 7	Rue Cruche-d'Or

1882

UNE PAGE

SUR

MONSEIGNEUR HENRI DENÉCHAU

ÉVÊQUE DE TULLE

> Moïse était le plus doux de tous les hommes.
> (NOMBRES, ch. XII, v. 3.)

LIMOGES

LIBRAIRIE
Vᵉ H. DUCOURTIEUX
7, rue des Arènes, 7

LIBRAIRIE
J.-B. LEBLANC
Rue Cruche-d'Or

1882

Chères Orphelines d'Obazine,

Cette page sur Monseigneur l'Évêque de Tulle que vous vénérez, vous est adressée imprimée comme un hommage rendu à la mémoire de Madame Fleurat, la bienfaitrice d'Obazine, maison qu'elle n'a cessé d'aimer jusqu'à sa dernière heure.

Si les personnes auxquelles vous offrirez cette page, témoignage de respect à l'Évêque qui a laissé, comme vicaire général, les meilleurs souvenirs à Limoges, veulent bien, en se rappelant la grande chrétienne Madame Fleurat, dont la mémoire vit aussi à Limoges, vous donner une obole pour votre orphelinat, ce sera une bonne action. Qu'elles en reçoivent l'expression de ma gratitude.

Dieu a diversement doté les âmes et les cœurs. Il a fait une riche part au jeune Évêque de Tulle, Monseigneur Dominique-Henri Denéchau, qui succède à l'illustre Monseigneur Bertaud, dont la mémoire vivra toujours. Il lui a donné un grand zèle pour le salut des âmes confiées à sa garde. Le Prélat est toujours à l'œuvre. Il prêche des stations dans les villes de son diocèse, des retraites dans les communautés. Pendant les tournées pastorales, il évangélise les populations dans un langage paternel compris de tous. Aux jours présents, la sollicitude de Monseigneur se porte, avec dévouement, sur les écoles congréganistes dirigées par des frères ou des religieuses ;

Il les encourage, les protège. Il contribue largement au maintien de plusieurs qui sont privées des secours qu'elles recevaient des communes. Sa Grandeur ne dédaigne pas de présider la distribution des prix des humbles écoles des religieuses, dans des paroisses rurales, où l'on a retiré à ces dévouées filles de Jésus-Christ et la maison qu'elles occupaient et le traitement perçu comme institutrices communales.

Quiconque veut travailler au bien trouve en ce digne Évêque un conseiller humble et encourageant, un coopérateur dévoué.

A ces vertus, Monseigneur Denéchau unit les qualités d'un excellent administrateur. Nul détail ne lui échappe; il s'informe de tout, s'occupe des moindres affaires, en laissant aux prêtres, ses auxiliaires dans l'administration du diocèse, une large liberté dans l'exercice de leur charge.

Arrêtons-nous dans ces éloges donnés avec simplicité : nous voulons que personne ne puisse dire qu'ils dépassent la limite du vrai, et celle d'un respectueux hommage rendu au mérite du Prélat. Nous n'écrivons point la biographie de Monseigneur Denéchau, *ses œuvres le loueront;* nous esquissons seulement à traits rapides, en laissant courir la pensée et la plume, ce que nous savons de cet Évêque. Limoges et Tours, où il fut vicaire général, conservent des souvenirs qui honorent grandement la personne du Prélat.

Dans tout homme de valeur, chez tout grand chrétien, en chaque saint, il y a une ou deux vertus saillantes qui, s'élevant au-dessus des autres vertus dont l'âme est dotée, forment le caractère distinctif du personnage, soit dans l'ordre moral, soit dans l'ordre surnaturel.

Les deux vertus qui apparaissent le mieux et sont comme les directrices des autres vertus, dans Monseigneur Denéchau, s'appellent : la *bonté* unie à une douceur inaltérable, et le *saint amour pour les enfants*.

La *bonté* est un des attributs de Dieu : la conviction que nous en avons, nous porte à ne séparer guère le qualificatif *bon* du nom de l'Etre infini ; nous disons : le *Bon Dieu*. la *bonté* a donc un caractère visiblement divin. Oh! comme elle est belle, noble et suave dans un Évêque!

Monseigneur de Tulle ferait des actes pareils aux traits de Fénélon ramenant, à la pauvre femme du village, la vache qu'elle avait perdue, et enseignant le *Pater* à un petit berger, en donnant pour nom, à sept brebis du troupeau, les premières paroles de chacune des sept parties qui composent cette divine prière : « *Notre Père, qui êtes aux cieux.* »

Pour mieux faire apprécier la bonté qui décore l'âme de Monseigneur Denéchau, nous voudrions citer quelques beaux morceaux écrits sur cette qualité, ou, disons mieux, sur cette vertu chrétienne, mais nous voulons être court dans cette page.

N'allez pas croire que la bonté et la douceur rendent l'Évêque timide et faible. Il donne, dans ses écrits et par ses actes, des preuves éclatantes de son énergie, de son noble courage, quand il faut défendre les libertés et les droits de l'Église, ainsi que les maisons religieuses.

Moïse, le plus doux des hommes, ne tremblait pas devant Pharaon.

Dans le gouvernement du diocèse, le Prélat unit, selon les conseils de la divine sagesse, la force à la douceur. Il sait maintenir ses décisions et se faire obéir. Moïse, le plus doux des hommes, commandait au peuple d'Israël et le gouvernait avec énergie.

Monseigneur sait commander, mais il a médité, il goûte l'enseignement suivant, du livre de l'Ecclésiastique :

« *Vous a-t-on établi pour gouverner les autres ? Ne vous en élevez point, vivez parmi eux comme l'un d'entre eux.* » On peut dire de Monseigneur Denéchau ce qu'on a écrit d'un grand saint, « qu'il commande plus par la charité que par l'autorité ».

De la *douce bonté* qui orne l'âme de l'Évêque, jaillit une tendre charité pour les enfants, comme une fontaine limpide et fraîche jaillit d'une source pure et bienfaisante.

L'Évêque de Tulle aime les pauvres, les humbles, les petits. S'il n'avait pas si bien choisi la devise ou exergue du sceau de ses armes : « *Avec simplicité et confiance* », nous lui dirions : « Prenez, Monseigneur, les armoiries qu'avait un prince d'Espagne. Elles étaient formées d'un cœur entouré de cercles de grandeurs différentes, avec cette devise : « *Les plus petits sont les plus proches.* »

Monseigneur l'Evêque de Tulle aime les enfants parce qu'ils sont, à la société, à la sainte Eglise ce que les fleurs sont à l'arbre, ce que le printemps est aux autres saisons de l'année. Si la floraison est belle, préservée de la grêle et des gelées, les fruits de l'arbre seront abondants ; si, au printemps, le Ciel envoie sur la terre de tièdes ondées, le soleil ses doux et chauds rayons, la récolte sera belle.

Le Pontife aime les enfants parce que « *Dieu tire de leur bouche la louange parfaite* ».

Il les aime pour imiter Jésus-Christ.

Il les aime, parce qu'il aime Jésus-Christ ce divin maître comme l'aimait Pierre au tombeau duquel le Prélat était naguère agenouillé. Or, le Sauveur du monde, après avoir demandé à Pierre s'il l'aimait plus que les autres disciples et que l'Apôtre eut répondu : « Seigneur, vous savez que je vous aime », Jésus dit : « Paix mes brebis, agneaux ». Il lui demandait comme témoignage de cet amour un soin particulier pour les enfants qu'il distingue du troupeau.

Monseigneur aime les enfants parce qu'en ces jours on donne, contre ces innocentes créatures chéries de Dieu, rachetées par Jésus-Christ son fils, destinées aux joies infinies, aux splendeurs du Paradis, des ordres plus barbares que les édits de Pharaon et d'Hérode, commandant l'extermination des enfants. On veut tuer leur âme !

Quand la poule, être timide et sans intelligence, voit que l'épervier veut lui enlever sa couvée, elle jette un cri d'alarme et ouvre ses ailes pour garder ses petits, les défendre contre l'oiseau de proie ; et un Évêque ferait moins, quand il voit qu'on menace de ravir à son action divine, à son dévouement de Pontife, à son amour surnaturel de père, ces innocentes créatures ?

Ceux qui ne loueraient pas le tendre dévouement d'un Évêque pour les agneaux du troupeau confié à sa garde, ont perdu la Foi et même le sentiment des belles choses.

Un Évêque dévoué aux enfants doit aimer les maisons religieuses, et Monseigneur les aime.

Il les aime, parce qu'elles sont un écrin céleste dans lequel on garde des joyaux destinés à former la couronne du Roi de gloire.

Il les aime, parce qu'elles sont un jardin clos, dans lequel on cultive, avec soin, des fleurs qui embelliront le Paradis.

Il les aime, parce qu'elles sont les douces écoles des vertus de pureté, de chasteté ; les écoles où l'on forme les jeunes filles à être la joie et l'honneur de leurs parents et, plus tard, des épouses aimantes, fidèles à leurs devoirs, des mères tendres et dévouées. Monseigneur aime les maisons des frères, les petits séminaires. Il veut que les études y soient aussi fortes que dans les grands colléges. Il désire surtout qu'on y donne aux enfants, aux adolescents, un sens chrétien, un cœur chrétien, une âme chrétienne. Il a la profonde conviction que c'est l'unique moyen de former les hommes si nécessaires à notre Société. Il se rappelle ces paroles des livres qui ne se trompent pas : « Craignez Dieu, observez ses préceptes, car c'est là tout l'homme. »

Monseigneur est dévoué aux maisons religieuses parce qu'elles sont persécutées et cruellement menacées dans leur existence.

La Semaine religieuse de Tulle nous apprit que le Prélat, après son pèlerinage aux tombeaux des saints Apôtres Pierre et Paul, donnait une retraite à deux cents jeunes personnes, anciennes élèves de la communauté de Sainte-Ursule, ou recevant encore une éducation distinguée et fortement chrétienne dans ce monastère, auquel le diocèse, et surtout la ville de Brive, doivent une grande reconnaissance.

Le dimanche 29 janvier, Monseigneur prêcha à l'Eglise de Saint-Martin de Brive. On célébrait la mémoire du passage de Pie VII dans cette ville. Le souverain Pontife était alors dépouillé de ses états, on l'emmenait captif; mais il possédait toujours le trésor des indulgences, ses mains pouvaient les distribuer. Il en accorda une à perpétuité aux fidèles de Brive, pour le jour anniversaire de son passage.

En quittant Brive, le Prélat se rendit à l'orphelinat d'Obazine.

Confirmons, par cette visite de Monseigneur Denéchau, ce que nous venons de dire de la bonté de l'Évêque et de son amour pour les enfants. Dans toutes les maisons où sont des enfants : petits séminaires, écoles des frères, pensionnats de jeunes personnes ou orphelinats, Monseigneur Denéchau montre la grande *bonté* de son cœur et le dévouement qu'il a pour l'enfance. Nous pourrions donc citer une visite dans tout autre maison. Si nous faisons de préférence le récit de la visite faite à Obazine, c'est en mémoire de la vénérable Mme Fleurat, bienfaitrice d'Obazine, grande chrétienne du diocèse de Limoges, où Monseigneur Denéchau était vicaire général pendant que vivait cette femme admirable que nous avons beaucoup connue. Nous aurions pu avoir sur les autres visites de l'Évêque dans les maisons de charité ou d'éducation de son diocèse, des informations pareilles à celles qui nous sont venues d'Obazine.

VISITE
DE
MONSEIGNEUR
A OBAZINE

Après ses prédications à Brive, devant des auditoires d'élite, Monseigneur Denéchau voulut évangéliser les humbles, les pauvres, les petits, porter une bénédiction aux élèves de l'école des Religieuses du Saint-Cœur de Marie, filles de son diocèse. Il voulait donner une journée aux pauvres orphelines d'Obazine. Ces pauvres enfants, qui n'ont pas de mère pour les aimer, ont le cœur bien ému en voyant que Monseigneur a pour elle la bonté d'un père. Le bonheur que portait cette visite à ces orphelines, se manifesta dans un compliment. Leur allégresse éclata par un chant où elles conviaient toute la colline d'Obazine à se revêtir d'honneur et de joie pour fêter le Pontife de Jésus-Christ revenant de Rome. Elles invitaient les moines qui dorment sous les dalles du Monastère et de l'Église, à tressaillir dans leur tombeau, en voyant briller un rayon des antiques splendeurs chrétiennes dans leur Abbaye.

Le lendemain, fête de la Chandeleur, l'Évêque bénit les cierges, les distribue aux enfants et aux religieuses ; il veut, par esprit d'une foi vive et simple, accorder la faveur de faire la procession dans le grand et beau corridor qui mène à la chapelle.

La vue de ces enfants, des religieuses portant un flambeau à la main et chantant : « *Lumen ad revelationem gentium* » devait inspirer à l'âme une douce joie mêlée à une sainte mélancolie. Cette cérémonie rappelait les majestueuses processions que les moines, au nombre de cent cinquante, faisaient chaque dimanche dans ce monastère d'Obazine (1).

La révolution *satanique* a expulsé les moines réunis pour pratiquer toutes les vertus et exercer les œuvres de charité.

Aujourd'hui elle recommence sa persécution *hideuse*. Elle menace d'expulser de leur paisible demeure des vierges douces, timides, réunies pour prier, travailler, se dévouer au soulagement de toutes les souffrances.

(1) Voir dans le livre de la *Vie de Saint-Étienne d'Obazine*.

Elle menace de leur refuser la liberté qu'elle accorde à des femmes qui sont le déshonneur de leur sexe, la honte de l'humanité; à des femmes réunies pour le désordre et la débauche! mais ce serait une infamie! une tâche de boue pour la France!!

Le soir de la fête, Monseigneur fit une instruction et donna le salut du Très Saint Sacrement. Le lendemain, premier vendredi du mois, il accorda la même faveur spirituelle.

L'Evêque, prolongeant son séjour, fut invité, par M. Chièze, curé d'Obazine, à célébrer la Sainte Messe, le dimanche, dans la belle et vaste Eglise paroissiale. Quoique les fidèles n'aient été prévenus que la veille, par les enfants des écoles, ils accourent nombreux comme aux grandes solennités. Recueillis, ils écoutent avec respect la touchante homélie du Pontife, les conseils paternels qu'il leur donne. En quittant l'Eglise, ils manifestent une vive joie de la faveur que leur a faite leur Evêque et ils se félicitent « d'avoir aussi bien compris son discours que si un curé eût fait le prône ».

Monseigneur ne quitta Obazine que dans la soirée du 8 février. Rapportons ce que nous savons de l'emploi des journées de l'infatigable apôtre.

L'Evêque de Tulle a dit, comme le divin Maître, source et modèle de toute bonté : « Venez tous à moi ». Cette parole amène à lui à toute heure. Il était difficile au Prélat, à son retour de Rome, de trouver, dans la ville épiscopale, des heures libres pour écrire de nombreuses pages, quoi qu'il compose avec une merveilleuse facilité, disent les prêtres de sa maison. Sa plume court en faisant les mandements dont la lecture charme, qui sont très aimés des fidèles et fort loués par les prêtres. Le style de l'écrivain est alerte, souple, simple, clair, toujours noble et suffisamment orné.

Lorsque Monseigneur Denéchau eut passé une journée sur la colline d'Obazine, il dit, comme Pierre sur le Thabor : « Il fait bon ici. »

Le Monastère, situé sur une cime d'où l'âme dominant les bruits de la terre, se recueille aisément ; les jardins, l'enclos baignés par le torrent qui descend de la montagne, en cascades argentées, sont bien propres à donner à l'esprit ce qu'il lui faut pour penser. La solitude laisse à la main la liberté pour écrire ce que l'esprit a conçu.

Mais le Pontife cherchait mieux que ces secours venant de la nature. Obazine est une terre bénie du Ciel, sanctifiée par des moines qu'ont rendus justement célèbres leurs talents et leurs vertus. Plusieurs avaient été, dans le monde, des personnages de distinction, de nobles chevaliers, même des guerriers valeureux sur les champs de bataille. Ne resterait-il rien dans ce monastère où leur âme s'éleva à une grande perfection que leurs ossements desséchés ?

Dans l'Eglise, sous un tombeau merveilleux entre

les plus beaux (1), repose saint Etienne, l'homme illustre du Limousin, le saint admirable en tout. Son esprit qui animait cette abbaye a-t-il entièrement disparu ? Il est permis de dire : *non*.

Ce glorieux Saint apparut à un religieux dont l'âme était brisée de douleur, à la pensée de la perte immense que faisait le monastère par la mort de son illustre abbé. Etienne lui dit en souriant : « Mon frère, je ne quitterai jamais Obazine ! »

Les moines ont disparu de cette maison, mais elle est habitée par des enfants innocentes et pures, et par des religieuses Vierges du Seigneur.

On peut espérer que les saints religieux et Etienne, leur glorieux père, sont encore là, par leur esprit, pour assister diversement les âmes, selon la condition de chacune, la sainteté de ses désirs et la mesure de sa foi.

Un autre souvenir pouvait retenir Monseigneur à Obazine. Saint Etienne fut reçu à Cîteaux par le pape Eugène III, avec des témoignages de distinction et d'une manière affectueuse.

Le Pape, après avoir accordé une audience à Etienne, fait appeler Rainard qui gouvernait alors la maison célèbre de Cîteaux, et lui, Pontife auguste de l'Eglise, Père de tous les fidèles, il recommande Etienne comme on recommande un fils de prédilec-

---

(1) Voir la belle *Vie de Saint-Etienne* récemment publiée.

tion à un autre père, et charge l'abbé de Cîteaux d'introduire Étienne dans l'assemblée des trois cents abbés, en demandant que la maison d'Obazine soit affiliée à l'ordre célèbre des Cisterciens (1). Ce souvenir était un motif digne de déterminer Monseigneur à composer, près du tombeau de saint Etienne, le Mandement sur le Pape : Roi, Pontife et Père. Mandement dans lequel Monseigneur raconte, d'une manière touchante, l'audience où il fut reçu naguère à Rome par Notre Saint-Père le Pape Léon XIII. Nous citons un passage de ce récit :

« Agenouillé aux pieds du Saint-Père qui écoutait et accordait tout, nous lui parlions avec la plus filiale confiance ; tour à tour il abandonnait sa main dans les nôtres ou la laissait reposer sur notre tête en nous bénissant et bénissant avec nous tous ceux dont nous lui avions apporté les hommages, les sentiments et les offrandes. »

Pendant son séjour à Obazine, Monseigneur était debout dès les six heures pour prier avant la sainte Messe qu'il célébrait à sept heures, puis ils se mettait au travail jusqu'à onze heures et demie. Après le déjeuner, Sa Grandeur faisait une promenade avec quelques ecclésiastiques. Dans ces courses solitaires, les rapports du Prélat avec ses prêtres étaient pareils à ceux de Jésus-Christ avec ses apôtres. Tout en sa

(1) Voir la *Vie de saint Etienne*.

personne leur disait : « Je suis votre frère. » Il daignait offrir son bras pour appui au fatigué, lui tendre la main en souriant, pour lui aider à gravir un rocher escarpé. Monseigneur aimait à se rendre aux ruines de l'antique chapelle des religieuses de Coyroux (1), dans cette vallée étroite où Etienne avait fondé le monastère qui compta bientôt cent cinquante recluses, presque toutes filles des familles les plus nobles du Limousin; Vierges innocentes ou pénitentes sanctifiées par les larmes comme Madeleine aux pieds de Jésus. Le biographe de saint Etienne, dit en racontant leur vie admirable : « Elles sont femmes à la vérité par le sexe, mais par la vertu elles surpassent la virilité des hommes. »

Monseigneur alla plusieurs fois au rocher fendu miraculeusement pour laisser un passage libre au torrent qu'on voulait conduire à Obazine. Il se plaisait sur cette chaussée, œuvre admirable des moines agriculteurs et ouvriers infatigables. Au retour, Monseigneur se remettait au travail et ne l'interrompait que pour les exercices de piété. Le Prélat n'avait pas que son mandement à faire; la correspondance incessante était fort en retard, nous a-t-on dit. Le doux et charitable Évêque donne lui-même la réponse à presque toutes les lettres qui lui sont adressées. Un jeune

---

(1) Voir les belles pages sur le monastère de Coyroux dans la *Vie de saint Etienne*.

vicaire, une humble religieuse des campagnes peuvent écrire en toute liberté à leur évêque, avec la certitude d'en recevoir des conseils, des encouragements et des consolations. N'est-ce pas une preuve de la grande bonté du Prélat et un côté remarquable de son administration ?

Monseigneur dîne à sept heures, mais pour les repas comme pour les cérémonies, il accepte l'heure que préfèrent les autres et ne se fait point attendre. La simplicité et la bonté du Prélat ne donnent rien de vulgaire à sa personne. On le trouve toujours digne, poli ; il fait tout avec la distinction que donnent l'habitude et la bonne éducation reçue dans le monde.

Le Prélat ne rencontrait jamais les orphelines sans leur adresser quelques paroles paternelles ; il les visita au réfectoire, et daigna même assister à une courte représentation du mystère de l'apparition des Anges annonçant aux bergers la bonne nouvelle, et de la visite de ces Pasteurs à la crèche, où ils devaient trouver l'Enfant Divin enveloppé de langes. Ces dialogues étaient chantés sur des airs antiques. Monseigneur écoutait tout cela avec bonté, pour donner de la joie aux naïves enfants qui n'ont que des plaisirs simples et purs. Elles furent bien heureuses en voyant le Prélat applaudir leur pieux drame.

Chaque soir, vers la fin de la récréation, ces humbles enfants, avant de remonter au dortoir, se réunissaient autour du vénéré et bon Évêque pour entendre un sage conseil, un pieux récit, un petit trait amenant une naïve hilarité. Elles voudraient bien prolonger la soirée, mais la pendule, qui n'entend pas ce que dit Monseigneur, va son train : l'heure sonne. Alors les enfants viennent baiser l'anneau du Pontife et se mettent ensuite à genoux pour recevoir sa bénédiction. Elles se relèvent joyeuses et s'en vont dormir, ayant l'âme pure et sereine, pour ne voir, dans leurs rêves, que le Paradis et les beaux Anges qui l'habitent.

D'après ce que nous venons de raconter, on devine qu'il n'y eut point de chants au départ de Sa Grandeur. Ces chères orphelines tristes et émues s'écrièrent : « O Monseigneur, revenez bientôt, revenez cette année avant l'époque des vacances ».

Oui, enfants, il reviendra bientôt. Le bon Prélat, vous le savez, visite Obazine deux fois au moins chaque année pour vous voir, pour faire la clôture de la retraite des Sœurs de l'Instruction qui s'y réunissent, ou pour donner ces pieux exercices.

Vous le reverrez, après les sollennités de Pâques. M. le Curé d'Obazine, qu'anime le pieux désir de faire revivre, dans sa paroisse, ce qu'il y a de saint et de sacré, a prié le Pontife du diocèse de célébrer les saints mystères dans la petite église de Palazinge, paroisse annexée à celle d'Obazine. *Palazinge*, où l'hostie sainte n'a pas été offerte depuis la révolution ! Palazinge posséda une Église dès les premiers temps de la conversion des Francs. On y portait, de loin, les reliques insignes pour les soustraire à la profanation des Normands, comme plus tard on vint cacher à Obazine le *suaire* dont parle l'évangéliste Saint-Jean, et qui avait enveloppé la tête du Sauveur dans le tombeau, et le *voile* dont on couvrit ses yeux quand on frappait son auguste visage.

Monseigneur reviendra pour cette paroisse d'Obazine qu'il aime, qui fut visitée la première dans la première tournée pastorale du Prélat. Il reviendra pour bénir les élèves de la petite école de vos bonnes et chères Sœurs. Cet Évêque bon et vénéré viendra souvent, parce que son esprit comprend et son cœur goûte l'enseignement donné par l'Apôtre saint Jacques dans son épître : « La religion pure et sans tâche aux yeux de Dieu, notre Père, est de visiter les orphelins. »

Les orphelines doivent donc se réjouir quand il arrive à Obazine : « Faites éclater votre allégresse en sa présence, il est le père des orphelines » (psaume 67).

Écoutez, enfants. Un jour que le Prélat fera sa promenade sur la belle chaussée que suit le canal en se déroulant comme un immense serpent, vous accourrez toutes à cet Évêque vénéré et vous lui direz les gracieux enseignements que vous donne cette onde pure et cristalline, et ceux que la douce humilité des dames religieuses voudra bien recevoir de ce limpide ruisseau :

Le ruisseau d'Obazine, à l'onde si limpide,
      Au cours mystérieux,
Nous dit : « Ayez, enfants, l'âme pure et candide,
Et vous reflèterez comme moi dans tous lieux :
Et les fleurs de la terre et les rayons des cieux. »

LES RELIGIEUSES :

Cette source nous dit : « Je marche, et dans mon cours
      Si je rencontre quelque pierre,
Je passe par-dessus et j'avance toujours,
Sans jamais, malgré tout, revenir en arrière.
Nous devons imiter, dans notre cher Couvent,
Le frais, le cristallin ruisseau de Saint-Etienne.
Avancer, avancer, joyeuses en courant,
Sans que l'obstacle au bien un instant nous retienne. »

  Puis vous chanterez à Sa Grandeur :

Cette onde qui s'échappe à travers l'ouverture
      Du roc miraculeux
Et s'offre libérale à toute créature,
Nous dit que votre cœur sensible et généreux,
Sait s'ouvrir s'épancher pour faire des heureux.

      Limoges, 25 février 1882.

OBAZINE

Les protestants détruisirent une partie de l'immense couvent d'Obazine, fondé par saint Etienne au XIIe siècle. La Révolution en chassa les moines.

Depuis quelques années, tous les archéologues s'occupent de l'étude du tombeau merveilleux de l'illustre Saint. Ils déclarent que le moyen âge n'a produit aucune œuvre d'art qui lui soit supérieure (1).

L'ancien couvent abrite aujourd'hui des orphelines. Il sert aussi de lieu de réunion aux religieuses du Saint-Cœur-de-Marie, qui dirigent plusieurs pensionnats dans les diocèses de Tulle et de Périgueux, ainsi qu'un grand nombre d'écoles. La maison-mère de ces religieuses est à Treignac, mais cette ville est moins au centre des autres communautés que le vieux couvent d'Obazine, si riche en souvenirs.

Monseigneur Denéchau est le supérieur de cette congrégation nombreuse. L'évêque zélé daigne se rendre à Obazine chaque fois que les affaires de la congrégation demandent qu'il s'entretienne avec les supérieures ou les sœurs composant le conseil de la congrégation, des intérêts des œuvres que ces dames dirigent.

(1) Voir la savante description de ce monument, dans la *Vie de saint Etienne* ou dans l'*Histoire d'Obazine*. On trouve aussi à Obazine les deux photographies du tombeau et du monastère.

Limoges, Imp. Ve H. Ducourtieux, rue des Arènes, 7.